Che Tutto l'Amore dell'Universo Scenda Su di Me

Rosita Gianfreda

Quando sei in un momento no della vita, quando ti senti perso e non sai cosa fare in una determinata situazione o semplicemente, desideri un risposta da parte dell'Universo, ti basta prendere questo libro tra le mani, lo poni sul cuore, chiudi gli occhi e chiedi con Fede e Gratitudine un consiglio, apri a caso e li, in quella pagina troverai la risposta,che arriva diretta al cuore. Recita questa frase

Magica :

Che Tutto l'Amore
dell'Universo Scenda
Su di Me.

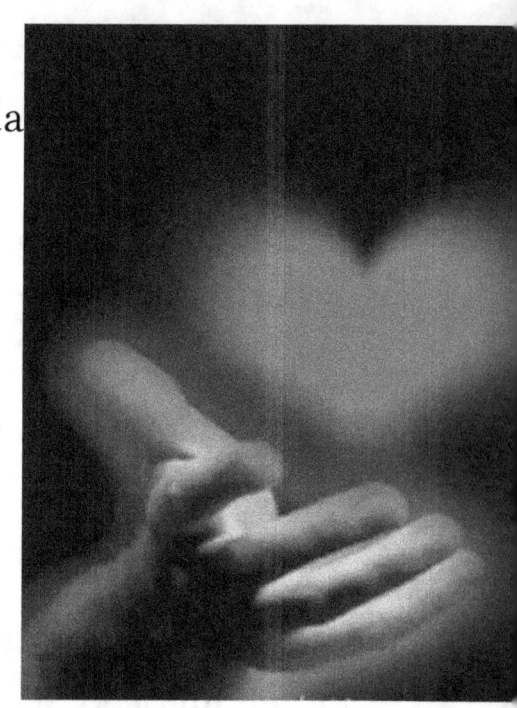

Con Affetto, Rosita.

1

Se incontri degli ostacoli non devi farti prendere dallo sconforto, ma ricorri alla fantasia, esplorando nuove strade per trasformarle in pratica. Il segreto per non perdere l'entusiasmo e' quello di sentirti come un pianista, che suona lo stesso pezzo tante volte, ma che a ogni esibizione riesce ad infondere nuova vita alla stessa melodia, modificando i dettagli per dare freschezza ad ogni nota.

Liberarsi dai condizionamenti significa compiere un notevole passo avanti sul sentiero dell'indipendenza. Significa anche non permettere a nessuno di dirti cio' che puoi o devi fare. A volte limiti la tua iniziativa per non entrare in conflitto con gli altri, a scapito di un processo di rinnovamento che per te puo' rivelarsi fondamentale.

3-Se vuoi liberarti dalle abitudini, comincia a cambiare nei gesti piu' banali. Agire nel quotidiano con rinnovata vitalita' e' il miglior modo di trasformare te stesso nel profondo. Gioisci per ogni piccolo passo avanti, senza essere esigente o aver fretta di cambiare. Concediti il tempo necessario per la tua metamorfosi, senza pero' trascurare gli altri, che devono adattarsi alla tua evoluzione. Ricorda che sei Tu, il tuo massimo Bene Supremo.

4

Qualsiasi cosa ti stia succedendo in questo momento, cerca di comprendere che si tratta di un processo di trasformazione. Questo processo puo' essere doloroso perche' ti costringe a rivedere la sofferenza. E' importante capire che cosa sta accadendo per accettare e superare i momenti di disagio. Chiedi all'Universo di aiutarti nel cambiamento.

5

Pensa al sole che con i suoi raggi irradia ottimismo e una forte carica di energie interiori che sollevano il livello morale e psicologico. Da bambini siamo sempre sereni, allegri e fiduciosi, poi compaiono le delusioni e l'amarezza e ci inculcano che il mondo non e' quel luogo idilliaco che credevamo. Ma dobbiamo recuperare la certezza che tutto alla fine si risolve per il meglio. Il calore del sole e' disponibile in ogni momento ed e' per tutti.

Il bisogno di materiale, specie non indispensabili, ti sta portando a sottrarre tempo e risorse ad altri importanti bisogni, come la famiglia e la salute. Recupera le energie interiori ascoltando i tuoi desideri, senza dimenticare che la realizzazione di te stesso passa attraverso un percorso soggettivo (darti il tempo, proteggere gli affetti) e uno collettivo (ripensare al tuo lavoro).

Tu sei artefice della tua vita, hai superato ostacoli e indecisioni grazie alla propria fermezza, al proprio equilibrio e al proprio senso pratico. La maturita' interiore ti invita a mettere da parte i progetti infondati e a guardarti dalle unioni poco solide, ascoltando i consigli di una persona seria e leale, che vuole il tuo Bene e di cui puoi fidarti. Lei ti aiutera' a imboccare la strada giusta.

Per ottenere cio' che desideri, rifletti sul
tuo stato emotivo. Sii Ottimista, focalizzati
su i tuoi obiettivi, attirando le circostanze
piu' favorevoli affinche' tu possa
raggiungerli. Perche' il tuo successo non
dipende soltanto dall'avere a disposizione
buoni strumenti, ma anche dal tuo potere
di usarli nel modo piu' efficace.

Forse fino ad oggi hai mostrato un volto che non ti apparteneva, mascherando la tua natura piu' profonda. Ma il presupposto della realizzazione consiste nell'essere cio' che sei, riconoscendo e controllando i tuoi desideri. Questo significa abbandonare la personalita' rassicurante, rigida e obbediente che ti e' stata imposta, per andare incontro a una nuova consapevolezza, se poi senti di non farcela da solo, puoi rivolgerti a qualcuno che ti aiuti a conoscere meglio.

Sei in un momento di evoluzione, devi capire quali sono le cose che contano davvero per te. Cerca di affrontare il tutto con gioia, poiche' si tratta di una fase importante della tua vita. Un periodo di transizione che ti porta a considerare il mondo con occhi nuovi. Cambia il tuo vecchio modo di pensare e prendi piu' Consapevolezza.

11

Sei sulla strada giusta. Lo sforzo che stai compiendo ti porta a progredire positivamente. L'Universo ti incoraggia in cio' che fai. Continua il tuo percorso con serenita', certo che i risultati tanto attesi si manifesteranno quanto prima.

L'Universo ti suggerisce di dedicare tutta
la tua energia alla realizzazione del tuo
desiderio, prendendo tempestivamente
una decisione efficace. Una regola
fondamentale per riuscirci e' quella di
seguire il tuo istinto: spesso si e' portati ad
ignorare la miriade di variabili e non
ascoltare la reazione del nostro corpo. Ma
se il cuore pulsa forte, o il tuo stomaco si
chiude, si tratta di chiari indizi che la
strada che hai di fronte non fa per te.

A tutti capita di entrare in crisi o di sentirsi soli, ma si puo' imparare a vedere questi momenti difficili in chiave positiva. Se ti sembra di procedere lentamente o di essere perseguitato dalla sfortuna, non cedere alla depressione. Cerca piuttosto l'aiuto di una persona anziana e affidabile, in grado di aiutarti a capire che si tratta soltanto di ostacoli necessari alla tua evoluzione personale. Solo cosi potrai maturare , prendendo una visione piu' chiara del mondo e delle sue dinamiche.

14

La maggiore dispersione di energia avviene quando ti senti in contrasto con gli eventi che ti accadono , e anche con le persone con cui ti relazioni. Allora vivere puo' diventare faticoso e procurarti una forma di sofferenza. Ma se abbandoni l'opposizione e lo sforzo, che ti fanno star male, per passare all'apertura, alla calma e al rilassamento, tutto diventa piu' facile.

15 -Ciascuno di noi ha il potere di accrescere la qualita' della propria vita e di riprenderne il controllo, perche' il mondo e' cio che le nostre scelte determinano. Se il nostro presente non ci soddisfa, e' perche' spesso non abbiamo il coraggio di cambiare. Prendi in mano la tua esistenza e smettila di decidere di non decidere, rimandando cio' che va deciso "qui e ora". Allena la tua mente e il tuo cuore a una strategia di successo, trasformando i tuoi problemi in un occasione di crescita.

16

Forse non ci crederai, ma se sei in crisi puoi cogliere opportunita' impreviste e ritrovare l'equilibrio. Questo perche' perdere significa trovare, afferrando un sogno impigliato nel passato. Non importa il modo in cui arrivare al cambiamento, devi lasciarti alle spalle quella zona grigia e statica se vuoi giungere ad una vera sintonia tra gli intenti e l'azione. Bando dunque all'autocommiserazione: confrontati con amici e familiari, valuta opportunita' diverse, fissa nuovi obiettivi.

In questo momento in cui tutto sembra andare per il meglio, hai bisogno di spingerti oltre. Cerca di proiettarti continuamente oltre te, verso l'altro, considerandolo come l'unico modo per essere te stesso. Prova a sperimentare, in una continua sorpresa, la dimensione che ancora non conosci di te e del mondo. Dai spazio al tuo Esistere e al tuo Essere.

Incomincia subito, decidendo che oggi dedicherai un po' del tuo tempo per fare qualcosa per chi ti sta vicino. Non rimandare, dicendo che non ti e' possibile. Devi solo agire. All'inizio puo' sembrarti difficile, poi giorno dopo giorno, il Dare diventera' per te qualcosa di naturale che ti fara' sentire unito agli altri, facendoti percepire il vero senso della Fratellanza.

A volte hai necessita' di chiedere il parere altrui, ma in questo modo, pero', i consigli che ricevi anziche' chiarirti le idee aumentano le tue contraddizioni. Probabilmente, questo tuo comportamento ha origine nel tuo passato. Il rischio e' che, con il passare del tempo, i dubbi, le frustrazioni possono azzerare completamente la tua autostima. Quindi, smetti di indugiare e sii piu' sicuro di te.

Mantieni aperto il cuore e attingi alla tua
riserva di Amore per sviluppare la
comprensione nei confronti degli altri e
per aquisire coscienza della grande bonta'
presente nel mondo. Devi solo allungare
una mano per goderne in pieno.

21

Trovare un Maestro, una Guida, capace di sollevarti dai tuoi tormenti e di darti un aiuto prezioso, e' possibile. Se hai questa fortuna, ricordati che sta per nascere qualcosa di sacro. Grazie alla sua saggezza, puoi ottenere molti vantaggi, a patto che tu riesca a conservare il massimo equilibrio.

A volte le difficolta' che incontri sulla tua strada, ti fanno pensare che sarebbe meglio lasciare andare. L'Universo ti esorta ad andare avanti e ti ricorda che c'e sempre una guida vicino a te. Poniti degli obiettivi da raggiungere gradualmente. Ogni volta che fai un passo nella direzione giusta, goditi il momento festeggiando con te stesso. Basta davvero poco per sentirsi Felici.

Possiedi una dolcezza che guarisce le
ferite, facendo si che il tuo partner o gli
altri si sentano amati per quello che
sono, senza dover cambiare o rinunciare
a essere se' stessi. Se, in questo
momento, non riesci a liberarti dai tuoi
timori, o li proietti su chi ti sta attorno,
abbandona l'aggressivita' e scegli la
gentilezza di modi, che e' la chiave di
volta del tuo equilibrio. Amati e Ama
incondizionatamente, e le tue paure
svaniranno.

Gli ostacoli che ti si presentano davanti
sono delle lezioni da imparare.
L'esperienza e' una condizione
essenziale per la tua crescita e solo
attraverso di essa puoi capire il
meccanismo della vita e il rapporto che
ti lega agli altri. L'Universo ti esorta a
camminare da solo per affrontare le
prove che ti attendono ogni giorno, solo
cosi puoi superare questi ostacoli e
aquisire un valore formativo.

25

E' in arrivo per te qualcosa di speciale. Che si tratti di un incontro, di una vincita, di un lavoro, e' sicuramente qualcosa che ti rende Felice e ti fara' vivere giorni sereni. Goditi questo momento e Ringrazia l'Universo.

26- Probabilmente possiedi gia' i requisiti per avere rapporti soddisfacenti e far sentire gli altri a proprio agio. Talvolta, pero', la tua esigenza di fare buona impressione, trovare conferme ed essere amato puo' prevaricare sulle tue piu' autentiche esigenze emotive, intrappolandoti in relazioni prive di spessore. Attenzione quindi ad unire abilita' sociali e desiderio di piacere a quello che sei veramente e comportati con coerenza, anche a costo di creare disapprovazione.

Hai bisogno di sviluppare la tua sensibilita' in modo da capire quali siano le tue reali necessita' spirituali e materiali. Hai bisogno di calma e tranquillita'. Impara a respirare a fondo per accedere a una visione piu' ampia della situazione quotidiana. Cosi, ogni volta che ti senti in difficolta', respira profondamente e immagina che l'aria che entra nei tuoi polmoni sia ossigenata dalla potenza di Madre Natura.

Spesso e' grazie a una grande
delusione che puoi imparare ad amare
davvero, trovandoti da solo ad affrontare
la sofferenza, impari a vedere piu'
chiaramente dentro di te cio' che e'
davvero importante. Basta solo che ti
liberi dalle illusioni, permettendo
all'inconscio di scegliere al posto tuo, lui
infatti, va molto piu' al sodo di te
perche' sa di cosa hai bisogno, e
sopratutto, non mente a se stesso.

Hai la tendenza a compiangerti e a pensare di non essere abbastanza fortunato. Osserva meglio cio' che ti accade per confrontarlo con il mondo circostante e incominciare ad attingere alla risorsa di Amore e Felicita' che l'Universo e' disposto ad inviarti. Non sempre ci accorgiamo dei doni della vita. Sii Grato sempre e in ogni luogo per tutto, anche quello che puo' sembrare negativo.

30 -La nostra personalita' si basa sulla dualita': positivo e negativo, bianco e nero, giusto e sbagliato, peccato che questo crei conflitto, alimentando in molti casi forti tensioni. Il segreto per uscire fuori dalla logica del conflitto e vivere in armonia con le dualita', consiste nel capire che noi siamo l'unione di tutti gli opposti. Di conseguenza, bisogna cercare un equilibrio, una via di mezzo per sigillare l'unione con la nostra natura piu' profonda e con l'ambiente che ci circonda.

Non resistere a cio' che e' in arrivo
per te. Abbi piu' Fiducia. Per una volta
lascia fare agli altri. Per un intera
giornata permetti agli altri di decidere
per te sulle piccole cose quotidiane.
Perdi l'abitudine di controllare tutto e
tutti e ti accorgerai di quanto sia
semplice e riposante abbandonarsi al
senso di fiducia, consentendo
all'esistenza di scorrere naturalmente.

32-L'Universo ti da l'occasione di scavare piu' a fondo nella conoscenza di te stesso, spingendoti ad aprirti, metterti in contatto con il tuo IO interiore. Forse ti rendi conto che non e' ancora il momento di decidere, perche' la situazione a cui tieni deve maturare. Guarda la prospettiva da un altro punto di vista. Lo scopo e' quello di sviluppare la tua capacita' di adattamento e il tuo spirito di accettazione.

L'Universo ti ricorda che devi fare appello alla tua sensibilita' se   vuoi vivere in Armonia con te stesso e gli altri. La comprensione deriva anche dalla capacita' di stare bene con te stesso, e che solo riconoscendo i tuoi errori senza giudizio, puoi compiere il primo passo verso gli altri.

Generalmente affronti la vita con la forza di un leone. Forse il ruolo del comando ti ha esposto al rischio di diventare bersaglio dei problemi altrui. Fai luce sul proposito che sta dietro al tuo credo personale, potresti scoprire se e' condiviso dagli altri, o se e' giunto il momento di renderlo autonomo e indipendente. Sappi comunque che non puoi accontentare tutti, a meno che tu non menta a te stesso e a chi ti sta intorno.

Se hai scelto questa pagina, hai bisogno di una spinta per cambiare qualcosa nella tua vita. Forse cio' che stai facendo non ti convince piu', stai vivendo una relazione poco equilibrata o devi semplicemente decidere che cosa fare di te stesso. Adesso non si puo' piu' rimandare. E' arrivato il momento di agire. Prendi la vita nelle tue mani.

36 -Dedica qualche minuto al giorno per un mese alla stesura di una lista, elenca da un lato, le tue capacita' e qualita', dall'altro i punti deboli che ti riproponi di migliorare. Sii sincero, non giudicare quello che scrivi. Dopo 30 giorni fai un bilancio, rileggi quanto hai scritto e noterai delle contraddizioni, perche' le tue sfaccettature sono molte e complesse. Solo guardandole nell'insieme imparerai a riconoscere e valorizzare i tuoi lati positivi, e allo stesso tempo i tuoi limiti.

Non temere!

Qualsiasi cosa ti sta accadendo in questo momento o qualunque sia la tua sensazione, l'Universo ti ricorda che sei protetto, che gli Angeli vegliano su di te, pronti ad accorrere in tuo aiuto, chiedi e ti sara' dato. Offri il tuo Amore e la tua Gratitudine, rivolgendo una preghiera dettata dal cuore.

38

Inizia ad utilizzare il tuo talento, senza
timore di non essere competente.
Ricordati di operare secondo le proprie
abilita. Coraggio, e' il momento di agire.

Ti fidi ciecamente delle tue intuizioni
ed emozioni senza perderti in lunghe
riflessioni sul da fare. Spesso pero' ti
trovi, a dover rimediare a qualche
tensione che involontariamente hai
alimentato preso dall'impeto del
momento. Prova a riflettere sul tuo
modo di agire, se il tuo atteggiamento
puo' ferire qualcuno, evitando cosi,
future azioni riparatrici.

Sta iniziando la tua guarigione fisica o spirituale, l'Universo ti segnala che e' in atto un processo di trasformazione delle tue attuali condizioni. Ricomincia ad aprirti alla vita e il tuo cambiamento avverra' in fretta, quando meno te lo aspetti.

Se hai scelto questa pagina,
probabilmente sei giunto al termine di
un'esperienza che negli ultimi tempi ha
assorbito il tuo tempo e la tua energia. Si
tratta di un raggiungimento di una meta
finale. Sii riconoscente di cio',
accettando il fatto che la vita e' fine ed
inizio a ciclo continuo, celebra entrambe
le cose, la fine del vecchio e l'inizio del
nuovo. Lascia andare cio' che non serve
piu' per te.

42

Offri aiuto senza aspettarti nulla in cambio. Un gesto d'Amore, un aiuto, una prova di disponibilita' possono bastare per far sentire agli altri che sei con loro, che li capisci e che desideri aiutarli con tutto il cuore. Accedi alla tua riserva di Amore. L'Universo ti ricompensera'.

Fermati a riflettere se sei soddisfatto in tutte le aree della tua vita, dal lavoro, alla casa, alla famiglia, alle relazioni . Se cosi non e', forse devi imparare che piccoli impegni quotidiani possono condurre a grandi gratificazioni. Devi solo capire in quale settore ti senti meno appagato, e impegnarti a migliorarlo.

Prima di realizzare qualsiasi cosa e'
necessario sognarla o immaginarla.
Riuscire a gestire le immagini positive di
cio' che vorresti fare ti offre la
straordinaria opportunita' di diventare
artefice del tuo destino, anche se
l'immaginazione da sola non basta. Devi
sopratutto agire, perche' e' l'azione che
trasforma i tuoi sogni in risultati. Devi
immaginare, poi creare con il pensiero e
provare l'emozione come se tutto fosse
gia' accaduto.

Qualcosa sta cambiando per te. Che si tratti di un offerta di lavoro, di trasferimento, di una nuova casa o di un nuovo amore, sara' qualcosa che influenzera' la tua vita e ti aiutera' a seguire un processo di trasformazione che probabilmente e' gia' in atto da tempo.

Carpe Diem !

46

Affronta la paura e diventa piu' forte.
Chi ha paura usa il fisico in un
determinato modo, crede in certe cose,
ha un determinato dialogo interno e
visualizza immagini che gli mostrano i
motivi della sua paura. Devi essere
coraggioso e agire!

Metti in atto i tuoi piani, l'Universo e'
dalla tua parte. La chiave per esaudire i
tuoi desideri, sta nell'ascoltare il tuo
cuore, che conosce da sempre tutte le
risposte. Desidera con Gioia e
Convinzione e usa parole giuste, senza
danneggiare il prossimo, e la tua vita
sara' Abbondante in tutto.

Non e' il momento di chiuderti in te
stesso. Ricorda che il futuro e' nel Qui e
Ora, perche' sei tu l'artefice che lo
costruisce, attraverso gli effetti a lungo
termine del tuo agire. Assumiti il rischio
di vivere, imparando a tollerare
l'insicurezza e la paura che
inevitabilmente ti accompagnano.

Si prospettano per te grandi possibilita',
se solo sarai in grado di affrontare le tue
responsabilita' con la voglia di cambiare
davvero il tuo comportamento. Hai
bisogno di attingere alla Forza di
volonta', per farlo cerca di attivare la tua
energia fisica per trovare il coraggio di
prendere iniziative.

Per essere veramente libero, devi prima aquisire familiarita' con la tua liberta' interiore. Cerca di capire cio' che vuoi. Essere libero significa compiere uno sforzo per percepire con chiarezza cio' che vuoi ottenere dalla vita e ti suggerisce di restare un po' solo per raccogliere le idee ed elaborare nuove soluzioni.

Ascolta con il cuore il tuo intuito.

51

Purtroppo non riesci a mettere
passione ne' convinzione nel modo in
cui vivi la tua esistenza, perche' e' come
se, dentro di te, qualcosa si fosse fermato
per metterti al riparo dalla sofferenza.
Ma se non puoi decidere in un istante
che cosa ti rende piu' vivo, puoi
cominciare un lavoro su di te,
focalizzandoti a visualizzare cosa avresti
voluto, ascoltando attentamente le
emozioni che ti suscitano.

52

Hai bisogno di Pace e Serenita'.
Dipende solo da te ritrovare la Pace
come condizione interiore,
indipendentemente dalle circostanze
esterne. Scegli una musica dolce e
rilassante e, mentre ascolti, lascia spazio
alla mente. Supera tutti i risentimenti
per trovare l'Armonia.

53

Lascia andare il passato, l'Universo ha in serbo per te qualcosa di meraviglioso. Se hai scelto questa pagina, stai attraversando un periodo che intercorre tra la fine di un progetto e l'inizio di quello successivo, quindi sei indeciso su quale direzione prendere. Qualunque sia la tua scelta, fidati della tua sensazione su cio' che e' giusto, e non sbaglierai.

Stai attraversando un momento di difficolta' nel quale ti sembra che tutto proceda a rilento e niente si realizzi come vorresti. In questa fase considera, che la chiave e' la capacita' di aver pazienza. Saper aspettare ti permette di chiarire tante cose. I piccoli mutamenti preannunciano grandi cambiamenti.

Forse in questo periodo sei tormentato e insoddisfatto perche' stai vivendo dei legami con persone aride che ti portano ad intossicarti. Fino a quano non individuerai le cause che hanno portato ad allacciare questi rapporti, tenderai a ripetere gli stessi errori. Per rompere questa catena devi fermarti un attimo e chiederti quali sono le tue fragilita' e i tuoi disagi. Cio' aiutera' sia te che gli altri a capire dove sbagliate, ri-gettando magari le basi per un rapporto diverso, piu' autentico.

Le risposte che trovi sono dentro di te.
Dovresti prendere in seria
considerazione messaggi da parte
dell'Universo, poiche' tu hai un potente
intuito, e se rimani in pace con te stessa,
riesci a carpire preziose informazioni,
per la tua evoluzione spirituale.

Grazie alla tua forza di volonta', avrai avanzamento in quello che desideri, che sia sul lavoro, in amore, ma devi usare autocontrollo e determinazione. Procedi con sicurezza e gioia.

Hai grande Forza e Bonta' nei confronti degli altri, ma e' altrettanto importante avere queste stesse qualita', anche verso se stessi. Potresti notare in te aspetti che ti causano preoccupazioni. Sei molto piu' forte di quanto credi e l'Universo ti aiuta a essere forte davanti a qualsiasi difficolta'.

Credici e Basta!

Questo e' un messaggio di
rafforzamento perche' la situazione in
cui ti trovi in parte e' stata creata da
decisioni che hai preso in precedenza, e
quindi possono essere annullate, con
nuovi risultati positivi. E' importante
prendere delle decisioni giuste e
ponderate. Fai la cosa piu' logica,
mettendo da parte le emozioni.

60

Avrai delle gioie attraverso la crescita
spirituale. Meditando ti arriveranno
delle risposte che ti permetteranno di
comprendere la natura del tuo cuore e lo
scopo della tua vita. Non e' un periodo
di solitudine, ma di gioia interiore e di
esplorazione della Luce Divina dentro di
te.

Ora e' il momento di avere grande Fede
e Speranza! Se stai vivendo delle
difficolta', sappi che scegliendo questa
pagina, l'Universo ti sta inviando Luce
Immensa per credere in te stesso e
superare questa situazione difficile.

Ha inizio per te una nuova vita. Sei chiamato a rinnovare l'impegno nel tuo scopo esistenziale. Ogni giorno della tua vita e' servito per giungere a questo momento. E' arrivata l'ora di rivedere la tua storia personale e di fare dei cambiamenti che ti porteranno in una direzione diversa. Intraprendi la tua nuova destinazione con Gioia e Fiducia.

Credi in te stesso. Ascolta il tuo cuore e
fa' sempre cio' che ti da gioia.
L'Universo ti incoraggia a compiere un
atto di fede. Sei forte abbastanza da
intraprendere un cammino nuovo nella
vita, pieno di sorprese e cose
entusiasmanti. Le occasioni per evolverti
e crescere sono illimitate se solo hai
fiducia in te stesso e credi nei tuoi sogni.

E' il momento di cambiare la tua vita.

Hai bisogno di lasciarti alle spalle vecchi

sistemi di credenze e vecchi motodi di

fare le cose. L'Universo ti dice che non

puoi piu' rimandare i cambiamenti che

sai di dover fare nel profondo del cuore.

all'improvviso tutto ti diventa chiaro

come il sole.

Avrai un "Risveglio" improvviso.

65

Sei chiamato a liberarti da tutto cio'
che ti blocca e ti fa' sentire in trappola.
Hai bisogno di disintossicarti dalle
preoccupazioni, a volte inutili, basate
sulla mancanza di sicurezza in te stesso.

Quando ti senti intrappolato, e non sai come agire, prenditi una pausa di riflessione e intuizione e osa essere diverso. Guarda la situazione da una prospettiva diversa, cogli il positivo. Sebbene questo momento di riflessione sia temporaneo, e' estremamente importante per la tua evoluzione e crescita spirituale.

Puoi prosperare grazie al potere del Pensiero Positivo. Mantieni pensieri e parole positivi e i tuoi progetti andranno avanti come non avresti mai osato sperare. Credi in te stesso e in quelli che credono in te.

Probabilmente proverai forti emozioni nel momento in cui entrera' nella tua vita una relazione importante, potrebbe trattarsi di una storia d'amore che porta al matrimonio, oppure una forte amicizia, in ogni caso e' una persona di cui puoi fidarti completamente, e la vostra relazione, ti cambiera' la vita in modo positivo.

69

Il lavoro che hai svolto finora ti dara'
fantastici risultati, percio' non hai
motivo di essere preoccupato. Se noti
che le cose vanno lentamente, abbi
pazienza che tutto ti ritorna moltiplicato
e in abbondanza.

E' tempo di lasciare andare il passato.

Questa situazione ti fara' crescere.

Quando si verificano eventi difficili,

l'importante e' prendersi del tempo per

guarire. Non devi farlo da solo, l'

Universo ti manda persone utili per

aiutarti. Il tempo guarisce le ferite e ti

fara' diventare una persona piu' forte.

Che Tutto l'Amore dell'Universo Scenda Su di Me!

Questo libro nasce grazie alla Chiaroudienza, dono che attraverso le varie carte esoteriche, riesco ad utilizzare, per cercare risposte che da soli alle volte non riusciamo a vedere. Le carte sono un mezzo di comunicazione tra noi e l'Universo. Basta ascoltare il proprio cuore, e tutto arriva.

Nota Biografica

Rosita Gianfreda e' nata a Casarano in provincia di Lecce il 10/03/1969, vive a Torino, casalinga e artista a tempo pieno. Da un po' di anni ha intrapreso la strada sulla consapevolezza del Risveglio. E' diventata un Operatrice Spirituale, attraverso la lettura delle varie carte esoteriche, in particolare i Tarocchi degli Arcangeli, da cui trae importanti messaggi Divini da trasmettere al prossimo. Da questo dono ne ha tratto il suo lavoro, svolgendo dei consulti privati, esclusivamente ad offerta libera.

Ha pubblicato anche Angeli Custodi credici ti cambiano la vita e Pillole sugli Angeli, nel 2012 venduti su Lulu.com

CONTATTI PER INFO : SMS SU WHATSAPP 3476913956
NO CHIAMATE.

EMAIL: p4cci4@gmail.com

FACEBOOK : ROSITA SANANDA GIANFREDA

RINGRAZIAMENTI

Un Grazie in primis all'Universo, che mi ha regalato
l'opportunita' di avere il dono di saper interpretare i suoi
messaggi nei vari modi che si manifestano. Grazie a tutti gli
Spiriti Guida, Maestri Ascesi, Angeli, Arcangeli che mi
seguono in questo percorso spirituale. Grazie alla mia Fiamma
Gemella Fabio, che con il suo Essere Speciale, mi Ama, mi
Supporta e mi Aiuta in tutto e per tutto. Grazie al piu' piccolo
dei miei quattro figli, Alex, che mi Rispetta e con la sua eta'
adolescenziale mi Aiuta a crescere alle volte con delle lezioni
molto importanti. Grazie alla mia Amica e Sorella d'Anima,
Maria che con la sua dolcezza mi sopporta e mi colma il cuore
d'affetto come deve essere in una vera Amicizia. Grazie a tutte
quelle Amiche che nei momenti di bisogno morale e materiale
mi hanno dato una mano, che non menziono perche' la lista e'
lunghissima e rischio di dimenticarmi qualcuno, ma loro nel
cuore sanno bene chi sono. Grazie a tutte quelle Anime che mi
contattano per avere un consulto con le carte esoteriche, che
siano Benedette.

Grazie di cuore a tutti, VI AMO DI BENE, e ......

CHE TUTTO L'AMORE DELL'UNIVERSO SCENDA SU
TUTTI NOI.

CON IMMENSO AFFETTO, ROSITA.

Questo libro e' Dedicato a Te ...

.